探索 发现

世界城市地图

[西]玛莉亚·玛聂鲁/编　西班牙利卜萨出版社/图　冯　珣/译

江西美术出版社
全国百佳出版单位

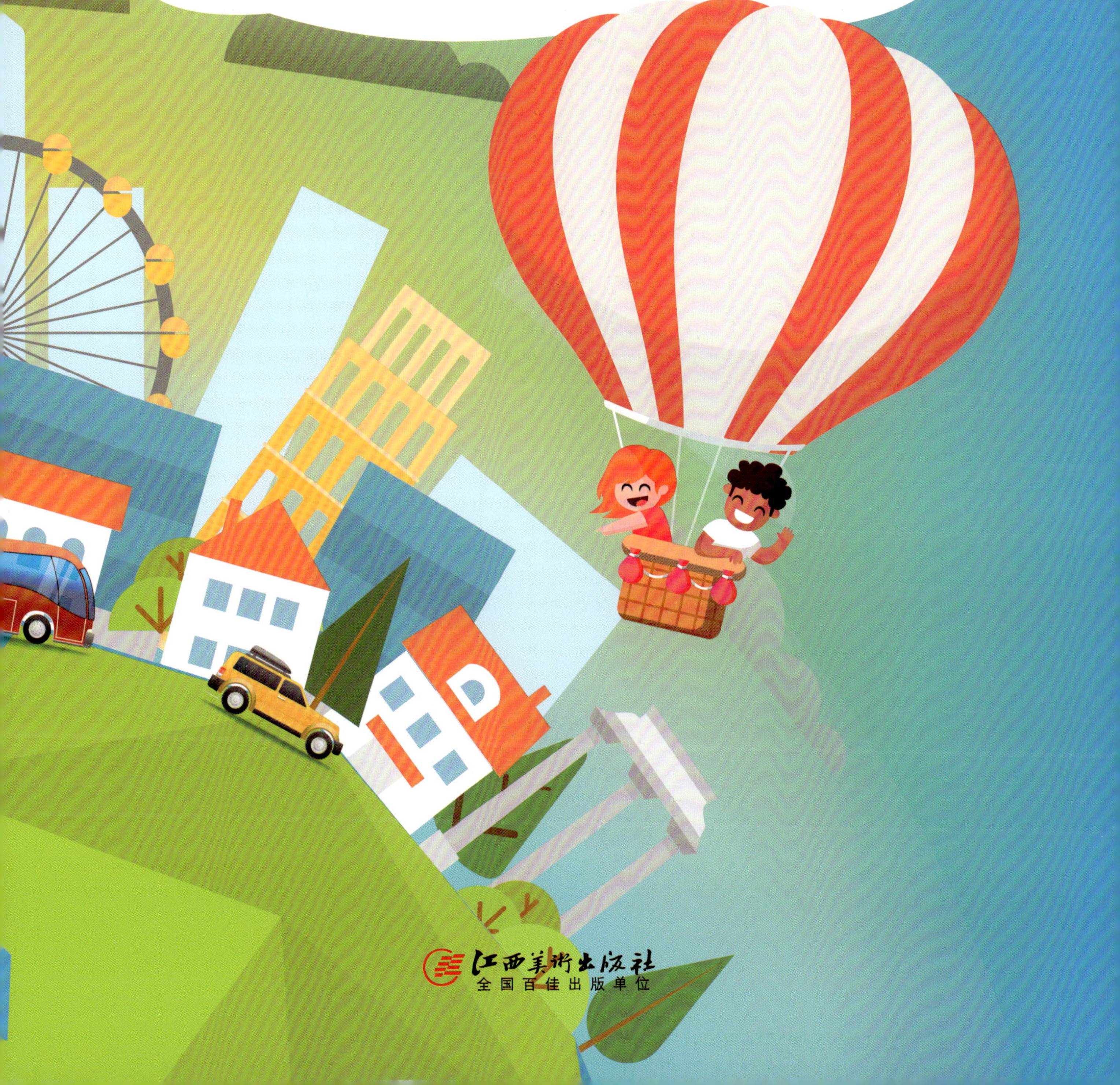

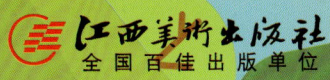

图书在版编目（CIP）数据

世界城市地图 /（西）玛莉亚·玛聂鲁编；西班牙利卜萨出版社图；冯珣译. -- 南昌：江西美术出版社，2021.8
（探索发现）
ISBN 978-7-5480-7942-2

Ⅰ. ①世… Ⅱ. ①玛… ②西… ③冯… Ⅲ. ①城市—概况—世界—儿童读物 Ⅳ. ① K915-49

中国版本图书馆 CIP 数据核字（2020）第 261233 号

版权合同登记号 14-2020-0165

Descubre El Mundo
Descubre las ciudades del mundo
© 2019, Editorial Libsa
Simplified Chinese copyright © 2021 by Beijing Balala Culture Development Co., Ltd.
The simplified Chinese translation rights arranged through Rightol Media
（本书中文简体版权经由锐拓传媒旗下小锐取得Email:copyright@rightol.com）

探索发现·**世界城市地图**
TANSUO FAXIAN·SHIJIE CHENGSHI DITU

[西]玛莉亚·玛聂鲁/编
西班牙利卜萨出版社/图　冯 珣/译

出 品 人：周建森	出　　版：江西美术出版社	印　　刷：北京宝丰印刷有限公司
企　　划：北京江美长风文化传播有限公司	地　　址：江西省南昌市子安路 66 号	版　　次：2021 年 8 月第 1 版
策　　划：巴拉拉	网　　址：www.jxfinearts.com	印　　次：2021 年 8 月第 1 次印刷
责任编辑：楚天顺 朱鲁巍	电子信箱：jxms163@163.com	开　　本：889mm×1194mm 1/16
特约编辑：石 颖 王 毅	电　　话：0791-86566274 010-82093785	印　　张：4
美术编辑：冯英翠 童 磊	发　　行：010-64926438	ISBN 978-7-5480-7942-2
责任印制：谭 勋	邮　　编：330025	定　　价：48.00 元
	经　　销：全国新华书店	

本书由江西美术出版社出版。未经出版者书面许可，不得以任何方式抄袭、复制或节录本书的任何部分。
版权所有，侵权必究
本书法律顾问：江西豫章律师事务所　晏辉律师

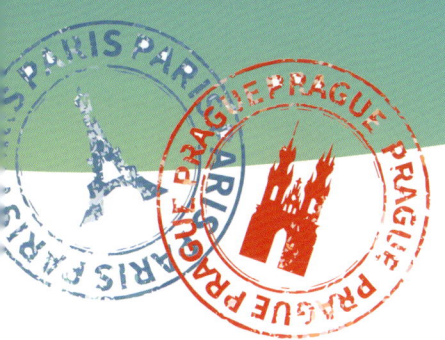

目录

美洲 4

圣地亚哥·基多·蒙得维的亚·巴拿马城·纽约·旧金山·华盛顿·墨西哥城·利马·波哥大·里约热内卢·布宜诺斯艾利斯

欧洲 18

圣彼得堡·威尼斯·哥本哈根·维也纳·巴黎·马德里·巴塞罗那·罗马·里斯本·阿姆斯特丹·伦敦·柏林·莫斯科·雅典·布拉格·布达佩斯

亚洲 36

香港·首尔·京都·西安·北京·上海·东京·新德里·孟买·伊斯坦布尔·加德满都

非洲 46

马拉博·蒙巴萨·阿尔及尔·约翰内斯堡·开罗·卢克索·马拉喀什·突尼斯市·内罗毕·开普敦

大洋洲 54

堪培拉·布里斯班·帕皮提·惠灵顿·悉尼·墨尔本·火奴鲁鲁

索引 60

美洲

美洲分为北美洲和南美洲,其总面积仅次于亚洲。美洲的面积占到地球表面积的 8% 以上。美洲的 35 个国家各有特色。除了我们为你详细介绍的城市之外,你还应该了解一下下面这几座城市。

圣地亚哥

智利首都,位于群山环绕的山谷之中,这既是一座贸易之都,又是攀岩和徒步旅行的圣地!

基多

基多的老城区是世界文化遗产。那里有超过 130 座古建筑。在时间长河中漫步吧!

蒙得维的亚

在这儿你想做什么都行:在海滩晒太阳、出海航行、在老城区溜达、看看殖民时期的建筑,或者在夜晚光顾一家探戈俱乐部。

巴拿马城

这是拉丁美洲摩天大楼最多的一座城市,巴拿马老城至今保存完好,是世界文化遗产。

纽约

大苹果

安静了,开拍!这座摩天大楼之城几乎在所有的电影中都有出镜……我们一点一点来探索它吧!

所属国家:美国
城市面积:约 1214 平方千米
(陆地面积约 789 平方千米,
水域面积约 425 平方千米)

城市人口:约 850 万人
主要河流:东河、哈得孙河、哈莱姆河
主要岛屿:曼哈顿岛、斯塔滕岛、长岛
行政区划:布朗克斯区、布鲁克林区、皇后区、曼哈顿区、斯塔滕岛
游客:约 6000 万人次 / 年

3 中央公园

现代艺术博物

百老汇

时代广场

小意大利

自由女神像 **1**

华尔街

❶ 自由女神像

自由女神像是纽约市的标志,然而,实际上它来自法国:这是法国送给美国的礼物。你知道吗?一直到 1902 年它都被当作城市的灯塔使用。这座巨大的铜质女神像已经氧化了,所以它看上去是绿松石色的;它如此巨大,女神的一根手指就有 2.4 米长!你可以登上女神的王冠,拍摄纽约的天际线,不过,要注意安全!通往王冠的台阶一共有 393 级呢!

❷ 布鲁克林大桥

这座令人印象深刻的吊桥是为了在东河上连接曼哈顿岛和布鲁克林区而修建的。之前人们并不能随意步行通过这座桥,因为直到 1911 年,过桥都是要收费的。步行过桥需要 1 美分、骑马过桥需要 5 美分、坐马车过桥需要 10 美分,如今过桥已经免费了。你也可以乘坐纽约富有特色的黄色出租车,不过这是收费的。

3 中央公园

这个巨大的公园里有湖泊、纪念碑、动物园和植物园。这里大约生长着 25 万棵树木并生活着 300 种动物。世界上最著名的马拉松之一——纽约马拉松的终点也设在这里。有件事可能会让你惊讶：你会在这座公园里看到很多遛狗的人，有的人最多牵着 10 条狗！而且拴狗绳都不会缠在一起！

4 唐人街

如今唐人街成了一个十足的旅游景点，这里有超过 200 家中餐馆！你可以边走边欣赏那些挂着彩色纸灯笼、贴着中文海报的店铺。唐人街还有自己的公园——哥伦布公园，很多人在公园里打太极拳。

5 帝国大厦

帝国大厦曾经是世界上最高的摩天大楼，如今它依然令人敬畏：共有 102 层，不过不要怕，因为它共有 73 部电梯。你可以到第 86 层或第 102 层的观景台，在那里你会看到令人震撼的 360 度城市全景。电影里的金刚就是爬上了帝国大厦。离开帝国大厦后，你可以去第五大道购物，在街边的小摊上品尝一份双层汉堡。

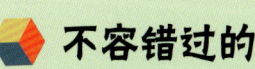

🟦 不容错过的还有……

- **百老汇**：最富有戏剧性的一条街道。去看一场音乐剧吧！
- **华尔街**：证券交易之家。
- **时代广场**：四周都是色彩绚烂的霓虹灯牌，非常震撼。
- **现代艺术博物馆**：里面有约 20 万件现代艺术作品，最著名的一件是凡·高的《星月夜》。
- **布朗克斯区**：在这里你可以造访洋基队的体育场。
- **小意大利**：这是意大利人聚集的地方，你可以去伦巴第比萨店吃比萨饼。

旧金山

湾边之城

所属国家：美国
城市面积：约600.7平方千米（陆地面积约121平方千米，水域面积约479.7平方千米）
城市人口：约88万人
主要岛屿：恶魔岛、天使岛、芳草岛、金银岛

这座城市在加利福尼亚州的淘金热潮中发展壮大，是美国科技产业最发达的城市。旧金山东临旧金山湾，因此又被称为"湾边之城"。

1 金门大桥

这座引人注目的红色吊桥曾出现在许多电影的镜头中。你知道吗？支撑桥身的每根铁索直径都有1米。你可以走路、骑自行车或者开车过桥。然而，在这座城市中最好的出行方式是乘坐电车，在陡峭的山坡上上上下下，非常适合观光。这些电车是这座城市的象征，现在就乘车出发吧！

2 恶魔岛

旧金山湾内的这座小岛上有一座著名的监狱，人们都说犯人是不可能从那里逃出去的。从1934年直到1963年监狱关闭，29年间这里曾关押过阿尔·卡彭等臭名昭著的犯人。你可以从旧金山港乘船游览这座岛屿和废弃的监狱，小心，不要被关起来哦！

3 硅谷

硅谷是世界上最重要的技术中心，你用的电脑有可能是在这里设计出来的。硅谷得名于信息产业的重要原材料"硅"和它所在的圣克拉拉谷。该山谷距旧金山市区有半小时车程。苹果、亿贝、惠普、谷歌以及脸书等公司都位于此地。

不容错过的还有……

◆唐人街：那里烤出了第一块幸运饼干，饼干里藏着一张写了格言的纸条。
◆渔人码头：那里有第二次世界大战时期的U.S.S.邦巴尼托潜艇。
◆伦巴底街：这段路上有8个急弯，最陡峭的路段倾斜有40度。
◆双子峰：两座著名的孪生山峰！
◆多洛雷斯传教所：这是旧金山最古老的建筑。

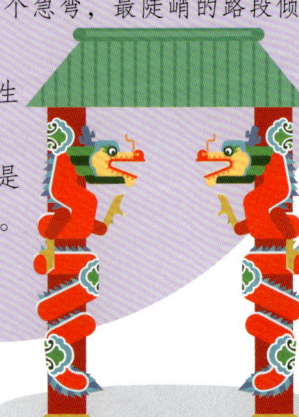

华盛顿 雪城

它以美国第一任总统乔治·华盛顿的名字命名。令人惊讶的是：这座城市有 175 个大使馆！华盛顿是世界上降雪量最大的都市，故称"雪城"。

所属国家：美国
城市面积：约 177 平方千米
城市人口：约 71 万人
河流：阿纳卡斯蒂亚河、波多马克河
游客：约 1900 万人次 / 年

❶ 国会大厦

它几乎每天都在美国的电视上出现，因为美国的参议院和众议院就设在这里。你知道为什么华盛顿是美国唯一一座没有摩天大楼的城市吗？因为 1910 年美国法案规定华盛顿内的建筑物最高不得超过 49 米！在这里你可以参观国会图书馆，目前它有上亿件藏品！起初图书馆规模并没有这么大，它只有托马斯·杰斐逊总统个人珍藏的 6000 多本书……

❷ 华盛顿纪念碑

抬头看！这座巨大的白色方尖碑是为纪念乔治·华盛顿总统而修建的，高约 169 米。现在往下看，你会在倒影池中看到它的影子。接下来环顾四周，你会看到国家广场的绿地。你想看到更远的地方吗？爬上纪念碑内的 897 级台阶或者乘坐电梯到达顶部，你就能俯瞰这座城市。

❸ 白宫

美国总统生活在这里，白宫并不总是那么白，1812 年的一场火灾曾把它烧黑了。之前的白宫要小得多，20 世纪初白宫增加了西配楼，著名的椭圆形办公室就设在那里。白宫居住区总共有 6 层楼。白宫建筑面积约 5100 平方米、有 412 扇门、147 个窗户、28 个壁炉和 3 部电梯。

不容错过的还有……

◆ **美国国家自然历史博物馆**：里面有约 1.25 亿件动、植物和岩石标本。
◆ **林肯纪念堂**：纪念林肯的著名建筑。
◆ **杰斐逊纪念堂**：位于潮汐湖岸边，春天会被美丽的樱花包围起来。
◆ **美国国家航空航天博物馆**：世界上最大的航空航天博物馆，这里藏有阿波罗 11 号的登月舱。

墨西哥城

壁画之都

大型壁画在墨西哥城内随处可见，从市政大厦到博物馆，再到学校等其他各种建筑物的墙壁上，都可以看到色彩明亮、气势恢宏、民族风格浓郁的巨型壁画，因此墨西哥城也被称为"壁画之都"。你相信吗？就在墨西哥城的地下，掩藏着伟大的阿兹特克都城的遗址：特诺奇提特兰城。

所属国家：墨西哥
城市面积：约1525平方千米

墨西哥城人口：约2200万人
全国人口：约1.23亿人
游客：约1300万人次/年

巧克力博物馆　邮政宫
阿拉曼达公园
革命纪念碑
❸ 美术宫
采矿宫
❺ 太阳石
❹ 奎奎尔科金字塔
❻ 特奥蒂瓦坎古城

❶ 索卡洛广场（也称宪法广场）

它是世界上最大的广场之一，周围被令人印象深刻的古迹环绕，如大都会大教堂（5个中殿、16个礼拜堂、60米的高度和35个钟……但实际可以容纳56个钟）。索卡洛广场上还坐落着国家宫，该宫殿在伟大的莫泰佐马宫殿的基础上改建而成，后来成为埃尔南·科尔特斯的住所。这座宫殿巨大无比，面积达40000平方米。还有，在这里不要错过著名艺术家迭戈·里维拉关于墨西哥历史的壁画。

❷ 大神庙

特诺奇蒂特兰考古区域面积很大，在挖掘期间，人们发现了大神庙的遗迹，这是阿兹特克时期最重要的宗教建筑，用于祭祀太阳神和战神威齐洛波契特里以及雨神特拉洛克。你可以参观大神庙、几座宫殿以及球场的遗迹。在那儿你会看到一整面用头骨装饰的墙！

3 美术宫（也称沉没剧院）

这座建筑有点下沉，当初是比照巴黎歌剧院的规格而建造的，非常优雅。美术宫内有许多令人惊叹的艺术品，比如蒂芙尼的水晶幕布。这里能够容纳超过 1500 名观众！如果你从这里离开还想再欣赏些音乐，就去加里波第广场（Garibaldi Square）听听墨西哥的流浪乐队（Mariachis）吧。

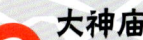

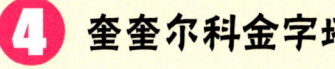

4 奎奎尔科金字塔

墨西哥城以南是奎奎尔科，在这儿你会看到一座圆形底座的金字塔，它是为纪念火神维维提奥特尔（Huehuetéotl）而修建的。这座金字塔已经很古老了：它的修建时间介于公元前 1000 年至公元前 800 年。你可以从奎奎尔科金字塔上拍摄城市的美丽景色。

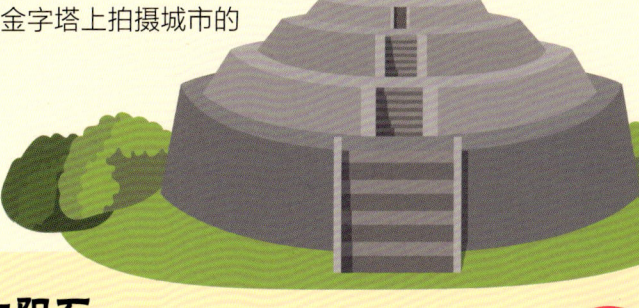

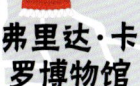
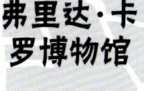

弗里达·卡罗博物馆

5 太阳石

在墨西哥国立人类学博物馆，保存着这样一个装饰有浮雕的圆形石盘，直径约 3.6 米，重达约 24 吨！它的存在是一个谜：这是阿兹特克人的历法吗？它是一个用于战斗的平台吗？还是一个献祭的地方？你怎么看？它的环形纹饰已经被用在钱币上了，所以你不妨花几个比索去买一些墨西哥卷饼或者奶酪饼，嗯，好吃。

不容错过的还有……

◆ **弗里达·卡罗博物馆**：也叫蓝房子，在墨西哥城科约阿坎区，是著名女画家弗里达的故居。
◆ **巧克力博物馆**：这里展示了墨西哥的可可历史，还能亲手制作巧克力。
◆ **阿拉曼达公园**：即中央公园，是墨西哥城居民常去的地方。
◆ **革命纪念碑**：在共和国广场，四根柱子下分别安放着四位墨西哥总统的遗骸。
◆ **采矿宫**：国际书展的所在地。
◆ **邮政宫**：一座豪华的邮局。

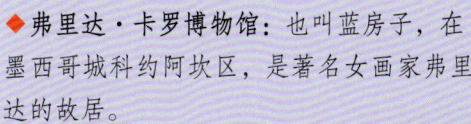

6 特奥蒂瓦坎古城

它距墨西哥城只有 50 千米左右，是古代墨西哥文明最重要的考古遗址。在这里，你会看到约 70 米高的太阳金字塔、月亮金字塔和羽蛇神庙。

利马

国王之城

所属国家：秘鲁
城市面积：约 2672 平方千米
城市人口：约 948 万人

这座城市建于 1535 年 1 月 18 日。由于这个日子距三王节 1 月 6 日很近，因此利马也被称为"国王之城"，尽管这只是一个传说。

1 老城区

这里有马约尔广场，也就是武器广场，它被四座壮丽的宫殿包围着。附近还有利马大教堂，殖民者弗朗西斯科·皮萨罗就被安葬在此处。此外，你还可以参观圣弗朗西斯科修道院和圣多明哥修道院（那里到处都镶嵌着安达卢西亚风格的瓷砖）。该休息一下了！试一试秘鲁的生鱼片、蕉叶玉米粽子、辣椒……太好吃了！

2 帕查卡马克遗址

帕查卡马克遗址距离利马非常近，这里保存着世界上最完好的印加建筑，太阳神庙尤其令人印象深刻，它是一座具有六层平台的金字塔，位于城市最高处，面向大海。站在这里，你会感觉自己像印加人一样，是太阳之子。

3 拉斯莱延达斯公园

这是一座独一无二的动物园：它展现了秘鲁动植物种群丰富的多样性，此外它也是一个考古遗址，因为这里有五处遗址，是印加人心目中神圣的地方。

不容错过的还有……

- ◆ **叹息桥**：如果你能憋住一口气屏息跨过这座桥，许下的愿望就能实现。
- ◆ **胡亚卡普拉纳遗址和阿亚玛卡金字塔遗址**：古代遗址，值得一看。
- ◆ **圣马丁广场**：在利马的中心位置。
- ◆ **米拉弗洛雷斯街区**：非常适合购物。

波哥大

南美雅典

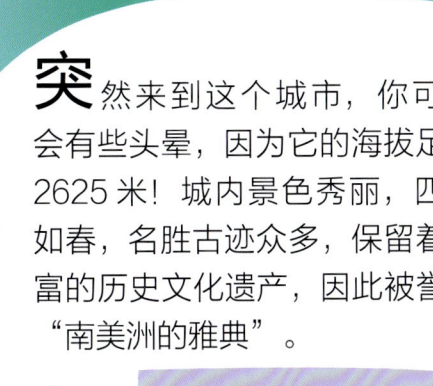

突然来到这个城市，你可能会有些头晕，因为它的海拔足有2625米！城内景色秀丽，四季如春，名胜古迹众多，保留着丰富的历史文化遗产，因此被誉为"南美洲的雅典"。

所属国家：哥伦比亚
城市面积：约1775平方千米
城市人口：约1480万人

❶ 波哥大主教座堂

波哥大主教座堂位于老城区的玻利瓦尔广场。很容易辨认，因为它有两座高耸的塔楼，那是两个巨大的钟楼，大约有52米高。

❷ 蒙塞拉特山

注意了！它海拔3100米，所以最好乘缆车上山！当然，你可以选择走着下山。我们建议你不要带女朋友一起去，因为传说如果你们一起去了，就结不成婚……

❸ 黄金博物馆

这里收藏了约30000件公元前哥伦比亚土著居民铸造的金饰：手链、项链甚至黄金面具，它们的造型都非常精美，仿佛当今最好的珠宝设计师打造的。那可真是一大笔财富！也许埃尔多拉多国际机场的名字就是这么来的吧（"埃尔多拉多"的意思为"金色的"）。

不容错过的还有……

◆ **博特罗博物馆**：这里展示的是哥伦比亚著名画家和雕塑家博特罗的作品，其作品中的人物都像米其林轮胎小人一样胖胖的！

◆ **93公园**：绿色园林，周围聚集了波哥大最热门的一些餐厅、咖啡馆和商店！

◆ **植物园**：千万不要错过里面的玫瑰园和兰花园！

◆ **科尔帕特利亚摩天大楼**：50层楼高的摩天楼，屋顶有瞭望台。

◆ **享用特色小吃**：波哥大有圣高乔汤、玉米粽子和肉类拼盘。

里约热内卢 奇妙之城

一面是海洋，另一面是山峦，中间是湖泊，尽管地理位置不便，但这座充满生机的城市将会把你征服。

所属国家：巴西
城市面积：约 1182 平方千米
城市人口：约 750 万人
街区：160 个

❶ 科帕卡巴纳海滩

被称为世界上最著名的海滩之一。这里不只有超过 4500 米长的海岸线，还有用不同颜色的石子装饰出波浪花纹的步行道，是锻炼身体的好去处。此外，到处都有卖饮料和鱼的摊位。传统的凯匹林纳鸡尾酒要留给爸爸妈妈喝哦！

马拉卡纳体育场

植物园

❹ 伊帕内玛

❷ 基督像

如果你喜爱爬山，不妨徒步爬上科科瓦多山，不想爬的话，也可以坐上小火车，张开双臂靠近这座巨大的基督雕塑，它是世界新七大奇迹之一。

❸ 糖面包山

如果你喜欢登高望远，这儿还有更高的山——糖面包山，你可以乘坐缆车前往。在那里，你可以拍摄出里约热内卢最美的瞬间！

❹ 伊帕内玛

它不仅是一片天堂般的海滩，也是一片充满魅力的街区，波萨诺瓦音乐风格就诞生于此（如果你在里约热内卢，请不要停止跳舞）。你将会看到旅馆、餐厅、奢侈品商店，周末还会有非常有趣的嬉皮市集。

❺ 桑巴馆

狂欢节是你绝对不能错过的绝妙节日，不妨在狂欢节期间去里约热内卢，欣赏桑巴馆中桑巴舞者身着色彩斑斓的服饰跟着节奏起舞。

不容错过的还有……

◆ 拉季公园：建有宫殿的自然绿洲。
◆ 马拉卡纳体育场：喜爱足球的读者们，这里曾经举办过两届世界杯。
◆ 植物园：里面有棕榈树、兰花、仙人掌和巨型睡莲。
◆ 堡垒和要塞：为抵御海盗的侵袭，沿海地区修建了大量堡垒，军事爱好者千万不要错过科帕卡巴纳堡垒和莱迈堡垒。

布宜诺斯艾利斯

探戈之都

布宜诺斯艾利斯位于拉普拉塔河畔。这座城市共有 48 个行政区！你大概没办法走遍所有这些地方，但至少让我们去散个步……

所属国家：阿根廷
城市面积：约 203 平方千米

城市人口：约 1280 万人
河流：拉普拉塔河
行政区：48 个
游客：约 400 万人次/年

① 五月广场

它是阿根廷最古老的广场，这个国家所有重要机构都设在此处。请注意，你不要错过：

★ 玫瑰宫，阿根廷政府所在地。
★ 卡比尔多，以前是市政厅，现在成了国家历史博物馆。
★ 大都会大教堂，外观具有希腊和罗马神庙的特征。
★ 佛罗里达街，热闹的商业步行街。

③ 国会宫

⑤ 巴勒莫

唐人街

② 博卡区

让我们从卡米尼多街开始散步，这里有著名的彩绘房屋。博卡区是阿根廷探戈的发源地之一，所以在到这里看演出之前，你应该先学几个舞步。如果你是个球迷，那么博卡区也是你的好去处：著名足球队博卡青年队的主球场就位于这里。

③ 国会宫

它太大了，占据了一整个街区。单单这座壮丽宫殿的穹顶就高达 80 米，令人印象深刻。此外，这里的雕塑、华美的大厅以及壮观的图书馆会让你更加眼花缭乱。

④ 马德罗港

这是布宜诺斯艾利斯最现代化的街区。在这里你会看到许多餐厅、酒店、奢侈品商店以及女人桥。女人桥是一座可旋转行人桥，它的设计非常新颖，桥体可以打开，为大型船舶通行腾出空间。

⑤ 巴勒莫

在布宜诺斯艾利斯，没有比巴勒莫更美好、更绿意盎然的街区了。千万不要错过这里的动物园、梦幻般的日本花园、森林，还有恋人桥、诗人的花园以及数千株各种颜色的芳香玫瑰。

不容错过的还有……

- ◆ **科隆剧院**：它的歌剧厅拥有世界上最好的音响。
- ◆ **唐人街**：牌楼上雕刻着小狮子。
- ◆ **雷科莱塔国家公墓**：这里安息着大约 7000 位阿根廷历代精英。
- ◆ **布宜诺斯艾利斯方尖碑**：在七月九日大道中央。
- ◆ **玛法达雕像**：你可以到圣特尔莫街区去拥抱漫画人物玛法达的雕像。
- ◆ **吃美食**：离开布宜诺斯艾利斯之前你必须尝尝炸饺子和牛肋排。

欧洲

欧洲的地域面积不是很大,但是在历史文化方面积淀深厚。欧洲有的国家地域辽阔,如俄罗斯;有的是袖珍小国,如梵蒂冈。我们会一起走过欧洲的 12 座城市,但还有其他许多城市同样不容错过……

圣彼得堡

圣彼得堡曾是俄罗斯帝国的首都,冬宫是昔日的皇宫,现为俄罗斯国家博物馆——艾尔米塔什博物馆的"六宫殿建筑群"中的一个宫殿。

威尼斯

这座城市是由条条运河而不是街道连接起来的,你可以乘上贡多拉游览,当然了,最好在狂欢节前来。

哥本哈根

丹麦的首都,是欧洲绿化程度很高的城市,建议你骑自行车游览。不要错过为纪念童话作家安徒生而修建的小美人鱼雕塑。

维也纳

维也纳曾经是奥匈帝国的首都,是会让你惊叹不已的一座城市。不妨试着在茜茜公主的宫殿里伴随《蓝色多瑙河》的旋律跳一支华尔兹。

巴黎

浪漫之都

我们来到了法国首都巴黎。这可不是什么随便的地方，它有着"光明之城"和"爱情之都"的美名。

所属国家：法国
城市面积：约 105.4 平方千米

市区人口：约 222 万人
河流：塞纳河
岛屿：圣路易岛、西岱岛
游客：约 4200 万人次 / 年

❶ 埃菲尔铁塔

这座铁塔，像一个巨大的 A 字，是巴黎的象征。它创造了一系列纪录：300 米高，自竣工至今累计参观游客已超 3 亿人次，塔身重达 7300 吨，有 1710 级台阶以及 7 部电梯，塔身有大约 250 万枚钉子。从铁塔上下来后，你可以乘坐游艇在塞纳河上游览一番！

凯旋门
巴黎广场方尖碑
香榭丽舍大街
夏乐宫
亚历山大三世桥
❶ 埃菲尔铁塔
蒙帕纳斯大厦

❷ 巴黎圣母院

从 1163 年到 1345 年，这个哥特式大教堂颇费了一点时间才建造完成。但这是正常的，在那个年代，建造两座 69 米高的塔楼是很浩大的工程。你只需要爬上 387 级陡峭的台阶就可以坐拥巴黎最开阔的视野，你还可以和住在楼上的 54 个滴水嘴兽来一场平等的对话。我有点害怕它们，但你肯定不怕。

③ 卢浮宫博物馆

原来是法国的王宫，是现在世界上接待游客数量最多的博物馆。这里有一座玻璃金字塔！我们走遍卢浮宫的每一个角落，一共可以欣赏35000件艺术品！最著名的就是达·芬奇的《蒙娜丽莎的微笑》，她在笑什么？

④ 凯旋门

凯旋门也叫"星门"，是大名鼎鼎的拿破仑·波拿巴为了庆祝军事胜利而命人修建的，然而工程竣工之前他就去世了。凯旋门实在太大了，飞机都能从它中间穿过！到吃饭的时间了吗？尝一尝"欧姆蛋""法式蜗牛""鹅肝酱"和各种奶酪吧！

圣心大教堂

⑤ 巴黎歌剧院

卢浮宫博物馆
③

巴士底广场

圣礼拜堂

② 巴黎圣母院

先贤祠

⑤ 巴黎歌剧院

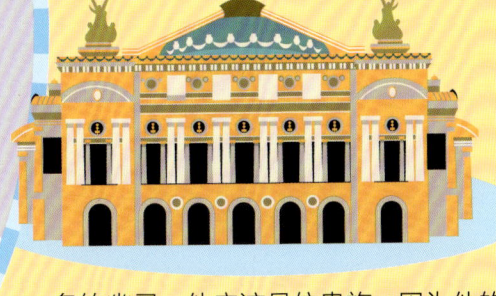

拿破仑三世下令修建了这座奢华的建筑，用于歌剧、芭蕾舞和音乐演出。相传歌剧院里生活着一个著名的幽灵，他应该是位贵族，因为他的住所是由大理石、金饰和天鹅绒装饰的，还悬着一盏重达八吨的水晶吊灯。关于这个幽灵，有多个版本的电影和歌剧。从歌剧院出来，记得点一杯拿铁咖啡和一个美味的羊角面包。

不容错过的还有……

◆ **圣心大教堂**：在蒙马特高地。教堂建筑风格独特，既似罗马式，又似拜占庭式。
◆ **香榭丽舍大街**：世界三大繁华商业中心之一。
◆ **圣礼拜堂**：巴黎市西岱岛上的一座哥德式礼拜堂，禁止携带弹弓前往。
◆ **巴黎广场方尖碑**：巴黎的埃及元素，位于塞纳河北岸，是法国最著名的地标之一。
◆ **夏乐宫**：优美的花园，是法国政府1937年为国际博览会而兴建的。
◆ **蒙帕纳斯大厦**：是巴黎市区除埃菲尔铁塔外最高的建筑，是巴黎地标之一。
◆ **先贤祠**：纪念法国历史名人的圣殿。
◆ **巴士底广场**：法国大革命的发源地！广场的中央，竖立着七月柱。
◆ **亚历山大三世桥**：优雅而壮观，坐落在塞纳河上，全长107米的桥身由一个桥拱组成。

马德里

欧洲之门

这座城市的天空湛蓝,马德里是欢快的,是喧闹的,是好客的!你会感到宾至如归!马德里位于西班牙中部,曼萨纳雷斯河畔,在历史上因战略位置重要而素有"欧洲之门"之称。

所属国家:西班牙
城市面积:约606平方千米
城市人口:约340万人
历史地位:首都、村庄和宫廷
游客:约530万人次/年

1 太阳门广场和马约尔广场

在太阳门广场上有一座钟楼,每年12月31日它都会敲响12声钟声,宣告新的一年到来。你还能在这里看到"零公里"的指示牌、一座"熊与草莓树"的雕塑以及一座卡洛斯三世的雕像。太阳门后方就是马约尔广场,这个巨大的矩形广场上坐落着有着红色外墙的建筑:共有237间面向广场的阳台!你一定要尝尝巧克力和油条!

2 普拉多博物馆

在"马德里金三角"坐落着三座非常重要的博物馆:分别是普拉多博物馆、提森·波涅米萨博物馆和索菲亚王后国家艺术中心博物馆。普拉多博物馆中有超过27000件艺术品,你绝对不能错过委拉斯凯兹的《宫娥》,这是一幅非常古老的彩色油画作品。而索菲亚王后国家艺术中心收藏有毕加索的《格尔尼卡》,创作年代要晚得多,是一幅黑白油画作品!看了这么多艺术品,你一定肚子饿了,你想来一份鱿鱼圈热狗还是一道马德里杂烩?

3 马德里皇家歌剧院和马德里皇宫

马德里皇家歌剧院是西班牙女王伊莎贝尔二世时建造,距离皇宫很近。女王可以在萨巴蒂尼花园或摩尔花园中散步,里面有许多雕塑!然后再在她宫殿的3418个房间中选一间休息!

不容错过的还有……

◆ **格兰大道**:马德里市中心一条华丽的高档购物街。
◆ **阿尔卡拉之门**:位于独立广场,新古典主义风格。
◆ **大地女神和海神雕像**:这两个都是喷泉雕塑,体育比赛取得胜利常在这里庆祝。
◆ **拉斯文塔斯斗牛场**:经典建筑,斗牛是西班牙的国粹。
◆ **丽池公园**:这里有水晶宫。
◆ **圣地亚哥·伯纳乌球场**:皇家马德里足球俱乐部的主场。
◆ **德波神庙**:唯一一座现处于欧洲的埃及神庙。

巴塞罗那
艺术之城

一座各国人民杂居的城市，有山有海，张开双臂等你到来。整个城市充满艺术氛围，随处可见一座座现代派建筑，是全世界艺术爱好者向往的艺术之城。

所属国家：西班牙
城市面积：约 102 平方千米
城市人口：约 175 万人
游客：约 820 万人次 / 年

1 圣家族大教堂

伟大的现代主义建筑大师安东尼奥·高迪设计了这座宏伟的教堂，自 1882 年到今天，它一直在建设中！教堂内部就像一片柱子组成的神秘树林；教堂外部，塔柱的顶端是独特的圆形。你可以乘坐电梯到达顶部，从那里俯瞰整个巴塞罗那。

2 兰布拉大街

沿着兰布拉大街从加泰罗尼亚广场漫步到旧港口，你会有意外惊喜：花亭、咖啡馆、街头艺人、波盖里亚市场、里西奥大剧院、哥伦布雕像……道路尽头的地中海。接下来你想吃点什么？这是特色菜单：面包配番茄、烤蔬菜、最后是香肠！甜点就选加泰罗尼亚焦糖奶冻，超级好吃！

3 奎尔公园

这是世界上唯一一个能看到龙的公园，是的，没错，龙！建筑师高迪运用想象力，以彩色的龙，还有鳄鱼、滴水兽等令人难以置信的动物形象装饰了这座公园。海浪般起伏的长椅、倾斜的门廊和彩色瓷砖……看起来像为精灵和仙女布置的房子！

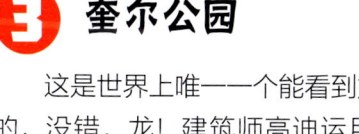

不容错过的还有……

◆ 加泰罗尼亚音乐宫：现代派建筑风格，有很多雕塑、马赛克和彩绘玻璃。
◆ 阿格巴塔：圆形的摩天大楼。
◆ 巴塞罗内塔海滩：最受欢迎的海滩之一，就在市区。
◆ 蒙锥克山和蒂比达博山：可以乘坐缆车上去。
◆ 米拉之家和巴特罗之家：高迪设计的充满想象的公寓。
◆ 诺坎普球场：巴塞罗那足球俱乐部的主场。

罗马
永恒之城

罗马是意大利的首都，这座城市也被称为"永恒之城"，因为它已经有近 3000 年的历史了！

所属国家：意大利
城市面积：约 1507 平方千米
城市人口：约 300 万人

河流：台伯河
国中国：梵蒂冈
游客：约 3000 万人次／年

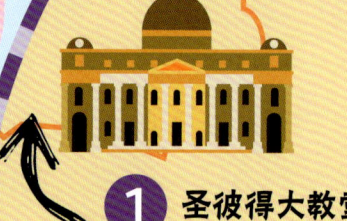

③ 西斯廷教堂

圣天使堡

① 圣彼得大教堂

万神殿

梵蒂冈城

卡比托利欧广场

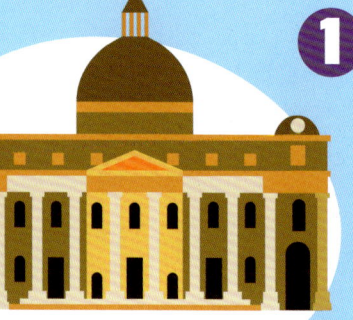

① 圣彼得大教堂

它坐落于梵蒂冈城，根据传统，教堂建造于圣彼得被埋葬的地方，拉斐尔和米开朗基罗等人参与了教堂的设计。这是一座宏伟的教堂，里面有高达 132 米的穹顶！你可以登上穹顶，眺望罗马全城。如果你恐高，就去吃美味的比萨饼吧！或者你更喜欢意大利面？

② 古罗马斗兽场

古罗马斗兽场曾使用了大约 500 年之久，能容纳 50000 名观众，作为古代历史上著名的遗址，它保存得如此完好，真令人难以置信！长轴 189 米，短轴 156 米的椭圆形表演区下方，是迷宫般的隧道和地牢。在这里可以观看角斗士战斗和狩猎野生动物，这里的表演区甚至还可以注水表演海战！离开前，你可以与周围巡逻的军团士兵和角斗士合影。

24

3 西斯廷教堂

梵蒂冈宫是教皇的府邸，这里有著名的西斯廷教堂，西斯廷教堂是红衣主教集会选举新教皇的地方。米开朗基罗用宗教壁画装饰了它的拱顶和墙壁。最著名的壁画是《创造亚当》，是的，就是上帝和亚当手指相抵的那幅画！

波波洛广场

西班牙广场

4 特莱维喷泉（许愿池）

这座喷泉是巴洛克式的建筑风格，以海神战胜归来为主题，雕塑立体感强、气势磅礴。据说背对着喷泉、往肩后投出一枚硬币，如果能投进水中，就能梦想成真。每天工作人员能从喷泉捞出大约3000枚硬币。看完喷泉来一个冰激凌怎么样？

4 特莱维喷泉（许愿池）

5 图拉真记功柱

古罗马广场

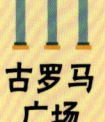

2 古罗马斗兽场

5 图拉真记功柱

这根柱子高约 40 米，由 18 块大理石砌成，上面装饰的浮雕记载了图拉真皇帝的军事胜利。柱子直径约 4 米，柱体内隐藏着一道螺旋楼梯，可以沿着楼梯登上顶部的观景台。如果你想尝尝小吃，我们建议你在结束游览之后尝尝提拉米苏。

呵呜呵呜……

真理之口

不容错过的还有……

- 古罗马广场：其中残留了些许古罗马帝国中心的建筑废墟。
- 卡比托利欧广场：广场上有卡比托利欧博物馆，里面有著名的"母狼乳婴"青铜雕像。
- 真理之口：是一个大理石雕刻，相传，它会咬住骗子的手。
- 圣天使堡：城堡前横跨台伯河的圣天使桥是罗马城中最美的桥梁，桥上有十二尊天使的雕像。
- 万神殿：具有三角形山花和长方形柱廊的圆形罗马神庙，古罗马帝国时期建筑。
- 西班牙广场：登上135级的西班牙大台阶就可以到达罗马圣三一教堂。
- 波波洛广场：那里有向埃及法老拉美西斯二世致敬的埃及方尖碑。

里斯本
七丘之城

里斯本比巴黎、伦敦还有罗马都古老。里斯本是在7个小山丘上建立起来的，因此也被称为"七丘之城"。起伏的石子路上，电车来来往往，乘上电车，开始观光吧！

所属国家：葡萄牙
城市面积：约 100.05 平方千米
城市人口：约 284.6 万人（里斯本大区）
河流：特茹河

❷ 贝伦塔

贝伦塔位于特茹河上，是16世纪用于守护海港的塔楼。它共有五层，虽然内部结构很简单，但外部有美丽的装饰——盾牌形的城垛和一个犀牛石雕！

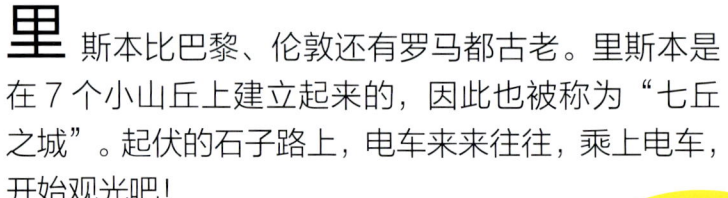

❶ 圣若热城堡

这座堡垒矗立于城市高地上，曾抵御过围攻、战争，甚至一次地震！游人可以参观城堡的11座塔楼、阅兵场和地牢！但最重要的是不要错过尤利西斯塔，在那里的观景台上，可以看到城市360度的全景。

❸ 热罗尼莫斯修道院

这个修道院始建于1502年，是葡萄牙艺术巅峰时期的代表建筑。拱顶、石柱以及拱门都会给你留下深刻的印象……你肯定没见过类似的建筑！

不容错过的还有……

◆ **万国公园**：里斯本现代的一面，里面的里斯本海洋馆是欧洲最大的水族馆之一。
◆ **圣胡斯塔升降机**：新哥特式的铁质电梯。
◆ **瓦斯科·达·伽马大桥**：长度超过17千米的桥！
◆ **奥古斯塔街凯旋门**：商业广场上最具纪念意义的大门，它见证了1755年里斯本大地震。
◆ **国家马车博物馆**：全是王子和公主的故事里的那种贵族专用车。

阿姆斯特丹 运河之城

城市中有很多运河，也是骑自行车或者乘坐电车游览的理想之地，有超过700万辆自行车！你甚至可以乘坐"漂浮荷兰人"，那是一种水陆两栖巴士！

所属国家：荷兰
城市面积：约219平方千米
城市人口：约87万人
河流：阿姆斯特尔河

 荷兰国立博物馆

绘画爱好者不能错过这个博物馆，维米尔和伦勃朗等大师的画作与玩具娃娃屋共处一室！是真的，小房子很古老了。如果你偏爱更现代的画作，我们向你推荐凡·高博物馆，在那里你会看到画家的房间有多杂乱以及他有多么喜欢向日葵，就像荷兰人对郁金香那么喜欢！

② 安妮之家博物馆

当安妮·弗兰克不得不在一个秘密的房子里躲避纳粹的迫害时，她才十几岁。这所房子的门伪装成壁橱的样子。你可以看到她的藏身之处，你还应该读读她的《安妮日记》。

不容错过的还有……

◆ 冯德尔公园：一个大型公园，为了纪念荷兰著名诗人冯德尔修建的。

◆ 漂浮花市：自1862年开始出售植物，不可不去。

◆ 船屋：分布于运河两侧，非常美丽。

◆ 水坝广场：在那里你可以参观王宫和蜡像馆。

◆ 阿姆斯特丹植物园：园内设有温室，能模拟出热带和沙漠环境！

伦敦

曾经的雾都

伦敦是莎士比亚一举成名的城市，也是大侦探福尔摩斯生活的城市，它正等待你的到来……你准备好了吗？跟我来！

所属国家：英国
城市面积：约1650平方千米
城市人口：约898.2万人
河流：泰晤士河
游客：约1800万人次/年

❶ 威斯敏斯特宫和大本钟

威斯敏斯特宫有1000多个房间，这里是英国议会的所在地，但它最著名的是大本钟。大本钟是一座带有巨大时钟的塔楼。它是伦敦的标志，也是彼得·潘在前往梦幻岛之前飞过的神奇地点。

地图标注：
- 大英博物馆 ❺
- 皮卡迪利广场
- 波多贝罗市集
- ❻ 特拉法加广场
- 海德公园
- ❶ 威斯敏斯特宫和大本钟
- ❹ 白金汉宫

❷ 伦敦塔

这个拥有护城河的堡垒曾是狮心王理查一世的城堡。它曾被用作住所、监狱、军械库和关押野兽的地方。塔楼内保存着英国王室的珠宝。塔楼的安全性毋庸置疑，塔楼的守卫者能知晓你的一切动作。

❸ 伦敦塔桥

这座桥之所以令人称奇，是因为在两座塔之间有一座吊桥，就像城堡的吊桥一样！每年它要抬起差不多上千次，让船只通过。如果你想以一种新颖的方式通过这座桥，请不要步行，乘坐双层巴士过桥吧。

❹ 白金汉宫

我们很难看到英国女王宫殿内部的样子，但是每天上午11:00人们都会看到卫兵换岗。在换岗仪式中，骑兵和步兵身穿红色制服，头戴巨大的熊皮帽，随着音乐的节奏行进，与其他士兵进行换岗。为什么下午不换岗呢？因为女王正在喝茶呢！

❺ 大英博物馆

大英博物馆的800万件藏品中，我们推荐你看看罗塞塔石碑，它被用于破解埃及象形文字和帕特农神庙护壁板上的浮雕。离开博物馆时，去找找红色的电话亭吧，它能给手机充电，能拍照，还能拨打紧急电话。如果你遇到一位戴黑色头盔的警察，他会很乐意与你拍一张合影。

❻ 皮卡迪利广场

游客们到达皮卡迪利广场时，会发现这是个热闹的地方，到处都是商店、剧院、电影院和餐馆。在这里你会遇到世界上最奇特的博物馆——里普利信不信由你博物馆。里面的藏品都古怪新颖，还有一个镜子做成的迷宫。

坎登镇
圣保罗大教堂
伦敦塔 ❷
❸ 伦敦塔桥
伦敦眼

不容错过的还有……

◆ **特拉法加广场**：在国家美术馆南侧，广场中央耸立着海军名将纳尔逊的铜像。
◆ **海德公园**：英国最大的皇家公园。
◆ **波多贝罗市集和坎登镇**：两个非常著名的小商品市场。
◆ **圣保罗大教堂**：英国第一大教堂，建筑为华丽的巴洛克风格。
◆ **伦敦眼**：城市中的巨大的摩天轮。

柏林

森林与湖泊之都

柏林城的边缘被森林、湖泊和河流环抱，因此有"森林与湖泊之都"的美誉。不管你来自哪里，柏林总是热情欢迎每一位客人的到来……这座城市隐藏着许多惊喜！

所属国家：德国
城市面积：约892平方千米
城市人口：约364.4万人
河流：施普雷河

① 勃兰登堡门

这座古老的城门高26米，让人联想到古典的神庙，门上有一个青铜雕塑，是胜利女神驾着四匹马牵引的驷马战车的形象。它共有5个拱门，直到1918年，中间的拱门只有国王、王室成员和他们邀请的重要客人才能从中穿过。夜晚在灯光照射下，勃兰登堡门甚至比白天更美，所以你什么时间来看它都可以。

② 亚历山大广场

亚历山大广场，是柏林的交通枢纽和商业中心。广场上最引人注目的是柏林电视塔，高368米，是柏林最高的建筑，可以登塔观光。在广场上你会看到一个世界时钟，上面标有24个时区的不同时间。现在到吃饭的时间了，建议你试试香肠和蝴蝶脆饼。如果你爱吃甜食的话，推荐你品尝一下柏林甜甜圈。至于德国啤酒，就留给你的爸爸妈妈喝吧。

③ 柏林墙

从1961年到1989年，柏林市被一座约154千米长的城墙一分为二。想象一下吧！墙一侧的人们无法见到另一侧的亲人。虽然柏林墙现在已经被推倒，人们还是原样保留了长约1.3千米的一段城墙，墙上装饰着涂鸦，地面上的小路标识出柏林墙的宽度和走向。

不容错过的还有……

◆ 佩加蒙博物馆：穿越希腊、巴比伦、美索不达米亚的时空旅行！
◆ 新博物馆：里面可以看到美丽的纳芙蒂蒂的半身像。
◆ 德国国会大厦：也就是德国联邦议院的会址，在第二次世界大战时遭到严重毁坏。
◆ 柏林地下世界：现存柏林保留最完好的地下防空设施。
◆ 柏林大教堂：文艺复兴时期风格的大教堂，有两座塔楼和绿色的铜穹顶。

莫斯科
千顶之城

欧洲北边的一个首都,但不会让你感到特别寒冷,除非你去的时候是冬天,当心下雪!城市里到处都是造型各异、五彩缤纷的尖顶建筑,因此被称为"千顶之城"。

所属国家: 俄罗斯
城市面积: 约 2560 平方千米
城市人口: 约 1230 万人
河流: 莫斯科河

① 红场

绝佳的汇合点:你现在身处莫斯科的中心!这里有:克里姆林宫、圣瓦西里大教堂、列宁墓。在列宁墓后的名人墓中,你可以看到宇航员尤里·加加林的名字。广场北面是俄罗斯国家历史博物馆。你想不想在莫斯科买一件精美的纪念品?别犹豫,买一个套娃吧!

② 克里姆林宫

这是一个带有围墙的大型建筑群,共有 3 个主教堂、2 个教堂、6 个宫殿和 1 个武器库,还有 1 座珍贵的博物馆,那里收藏着著名设计师法贝热设计的一系列复活节珠宝彩蛋。此外,那里还有钻石基金会,里面收藏有镶嵌了 5000 颗钻石的俄罗斯帝国王冠!你想体验一把沙皇加冕的感觉吗?那就去吃一吃俄罗斯的鱼子酱吧。

③ 圣瓦西里大教堂

这座教堂色彩明快的洋葱形圆顶使我们联想到童话里公主的宫殿。传说中,沙皇伊凡雷帝弄瞎了建筑师的眼睛,这样他就无法再建造出比这更漂亮的建筑。拿破仑的军队用这座教堂当马厩!

不容错过的还有……

◆ **古姆百货商场:** 莫斯科最豪华的购物中心。
◆ **基督救世主大教堂:** 壁画装饰精美。
◆ **莫斯科大剧院:** 这里有歌剧、戏剧,还有芭蕾舞的演出!
◆ **莫斯科地铁:** 地铁站媲美宫殿。
◆ **莫斯科宇航博物馆:** 有宇航员的食物等有趣的展品。
◆ **高尔基公园:** 仅在夏季开放!

雅典

文明的摇篮

你会惊讶的！雅典是西方文明的摇篮！民主、哲学和艺术都诞生于此。你可以在柏拉图走过的街道上漫步！

所属国家：希腊
城市面积：约412平方千米
城市人口：约315.4万人
河流：基菲索斯河、伊利索斯河

❶ 帕特农神庙

它是古典建筑的象征，属于陶立克柱式风格。那是什么风格呢？非常朴素，没有装饰，只有圆柱的沟槽和条纹，但没关系，因为这种风格的建筑非常优雅、雄壮挺拔——每根圆柱有10米高！这座神庙是供奉雅典娜女神的，她是战争、智慧和艺术女神。她的象征是猫头鹰！

地图标注：
- 国家考古博物馆
- 哈德良图书馆
- ❸ 比雷埃夫斯港
- 陶瓷街区
- 伊瑞克提翁神庙 ❷
- ❶ 帕特农神庙
- 雅典娜胜利神庙
- ❺ 奥林匹亚宙斯神庙
- 狄俄尼索斯剧院

❷ 伊瑞克提翁神庙

跟帕特农神庙一样，这座神庙位于雅典卫城。伊瑞克提翁神庙具有爱奥尼亚柱式风格，与陶立克柱式风格非常不同，因为这种石柱柱头采用了一些螺旋的花纹装饰。这座神庙最著名的就是女像柱，用6根大理石雕刻成的少女像柱代替石柱撑起石顶。

③ 比雷埃夫斯港

这是雅典的老港口,时至今日,去爱琴海的船仍然从这里出港。想吃地道的希腊美食,这里是理想的场所:尝尝穆萨卡(一种茄子和其他食材混合做成的烤饼)、希腊式的酸奶、希腊白软干酪……雅典好吃的东西真多!

④ 宪法广场

它位于市中心,是雅典最热闹的地方。希腊议会大厦和无名战士纪念墓碑都位于此处。在这儿还能看到卫士换岗,他们身着传统服饰,他们的裙子至少有400道褶!

⑤ 奥林匹亚宙斯神庙

如今这里只有一些断壁残垣,但是你应该知道,这座神庙曾有104根石柱!虽然现在只有15根还矗立着。石柱是科林斯式的,就差这种风格你还没见过了!它是所有石柱风格中装饰最繁琐的,带有叶子形的浮雕,用于纪念众神之父宙斯,罗马人称他为朱庇特。

不容错过的还有……

- ◆ **国家考古博物馆**:收藏有阿伽门农的金色面具。
- ◆ **雅典奥林匹克体育场**:不会给你颁发月桂花环的。
- ◆ **狄俄尼索斯剧院**:古希腊最大的剧院。
- ◆ **陶瓷街区**:古代雅典时期陶工居住的地方。
- ◆ **哈德良图书馆**:那里有一个有100根石柱的长廊!
- ◆ **雅典娜胜利神庙**:是雅典卫城最早的爱奥尼亚式建筑。
- ◆ **德尔斐**:里面有著名的可以占卜未来的甲骨文。

布拉格

百塔之都

布拉格城区矗立着许多尖顶或圆顶的塔式古老建筑，风格各异，会让你一见钟情，随便从一座塔楼上鸟瞰城市都会让你立刻爱上这里。你会无法抗拒地买下一堆波希米亚水晶和木偶工艺品！

所属国家：捷克
城市面积：约496平方千米
城市人口：约131万人
河流：伏尔塔瓦河

❷ 老城广场

布拉格是一座高低起伏的城市，在主广场上你会看到提恩教堂的两座塔楼、市政厅塔楼以及古老的天文钟（自中世纪起就存在了）。每到整点，天文钟表盘的上方的两个窗户会开启，十二信徒的雕像会依次现身，一旁的死神雕像开始鸣钟，而上方的鸡也会振翅啼鸣，经常有游客在此观看。

❶ 布拉格城堡

这里汇聚着一系列真正吸引游客的景点：圣维特主教座堂、黄金巷（古时候炼金术士居住的场所）、火药塔、旧皇宫……要在时间宽松、体力充沛时参观这里，因为你需要爬许多斜坡和楼梯！

❸ 黑光剧场

黑暗的舞台，演员穿着黑色服装，通过身上的荧光灯与肢体动作制造出奇妙的视觉效果。我敢保证你的眼睛会欺骗你，这将是你看过的最具魔术效果的戏剧表演。

不容错过的还有……

◆ 查理大桥：栏杆上有30座雕像。
◆ 瓦茨拉夫广场：这里有商店、餐馆以及国家博物馆。
◆ 新老犹太教堂和旧犹太公墓：会给你留下深刻的印象——时间在那里静止了！
◆ 阿尔丰斯·穆夏博物馆：你会爱上穆夏这位著名的画家。

布达佩斯
多瑙河明珠

布达佩斯是曾经的奥匈帝国的首都，欧洲著名古城，坐落在多瑙河中游两岸，绚丽的自然风光，以及古代与现代风格结合的城市建筑，使它素有"多瑙河明珠"的称号。布达佩斯保留了所有的美丽和威严，非常值得造访。

所属国家：匈牙利
城市面积：约 525.2 平方千米
城市人口：约 175 万人
河流：多瑙河

❶ 国会大厦

匈牙利国会大厦和英国议会大厦一样令人印象深刻，它位于多瑙河的岸边，共有691个房间！你只能参观其中一小部分，但是如果乘船游览多瑙河，你能从河上拍出令人惊叹的照片。

❷ 布达城堡

这曾是匈牙利国王的宫殿，但现在变成了图书馆和博物馆。我建议你坐缆车上山，然后走路下山，因为山路非常陡。

❸ 盖勒特温泉

布达佩斯是远近闻名的温泉之城。到盖勒特的温泉中泡一泡，做个按摩，继续欣赏镶满马赛克和玻璃窗的美妙建筑，多惬意！

不容错过的还有……

- ◆ **铁索桥**：连接布达和佩斯的最古老的桥。
- ◆ **圣史蒂芬大教堂**：是本市最美丽的新古典主义建筑之一。
- ◆ **渔人堡**：由7个渔夫帽形状的塔楼组成，那里的观景台很棒。
- ◆ **国家歌剧院**：有1261个座位，有一个座位是为你准备的。
- ◆ **犹太教堂**：是世界第二大犹太教堂。

亚洲

亚洲是世界上面积最大、人口最多的大洲，它保留着许多迷人的传统。如果没有亚洲，我们就没有纸、墨、丝绸、指南针、陶瓷，我们就无法做瑜伽，也没有茶喝……我们甚至没有棋可下！除了我们重点讲述的城市之外，也别错过下面这几个城市。

香港

中国香港是一座东西方文化交融的城市。来到这里，一定要品尝一下美味的粤菜。

首尔

韩国首都，那里有历史悠久的宫殿，也有摩天大楼。要爬一爬N首尔塔！

京都

京都曾经作为日本首都长达一千多年，所以你会在这里发现豪华的皇宫，还有城堡、花园和寺庙。

西安

这座古老的城市因为兵马俑而举世闻名。秦始皇陵中有8000多个士兵和马匹的陶俑！壮观的场面会给你留下深刻的印象。

北京 千年帝都

北京拥有三千多年的历史,在北京你能见到很多摩天大楼,也能看到传统中国民居四合院。

所属国家:中国
城市面积:约 16410.54 平方千米
城市人口:约 2153.6 万人
河流:海河

① 天安门广场

天安门广场在地理位置上恰好位于北京的中心,广场中央矗立着人民英雄纪念碑和毛主席纪念堂。你可以从这里穿过天安门进入故宫。

② 故宫

故宫旧称紫禁城,是中国明清两代的皇家宫殿,是由城墙、院落、宫殿和花园等组成的建筑群。紫禁城的雄伟无法用语言描述,你可以去找找哪里有石狮子,哪里有五座桥的河流,哪里有九条龙的墙。

③ 万里长城

两万多千米长的城墙横跨中国的版图,在北京附近我们能见到城墙中的一段。你将看到历史上最大规模的防御工事。它高低起伏,蜿蜒盘旋在崇山峻岭之间,十分壮观!

不容错过的还有……

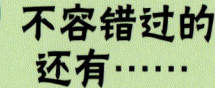

◆ 天坛:古代是皇帝的祭祀之所,现在你可以在天坛公园里练太极拳!
◆ 颐和园:是清朝的皇家园林、避暑胜地。
◆ 北海公园:曾经的皇家花园,里面也有一个九龙壁!
◆ 雍和宫:北京最大的藏传佛教寺院。
◆ 鼓钟楼:元、明、清代都城的报时中心。

上海
繁华魔都

上海，这里有令人难以置信的摩天大厦、如画的风景、可口的美食以及如织的人流！

所属国家： 中国
城市面积： 约 6340.5 平方千米
城市人口： 约 2428.14 万人
河流：长江

1 外滩

这条 1.5 千米长的街号称东方的华尔街，是中国历史文化街区，保留着许多历史建筑，比如旧时候的海关和上海银行。不要错过与伦敦大本钟的形象相仿的海关大楼大钟！

2 浦东新区

浦东新区是上海市的商业和金融中心，它摩登现代、发展前景巨大。东方明珠塔、金茂大厦以及上海环球金融中心等摩天大楼亮起灯火时，浦东新区夜晚的天际线美丽极了。

3 玉佛寺

这座禅宗佛教寺庙因供奉玉佛而得名，里面有两尊从缅甸运来的玉雕佛像，一坐一卧。坐佛重约一吨！卧佛略小。

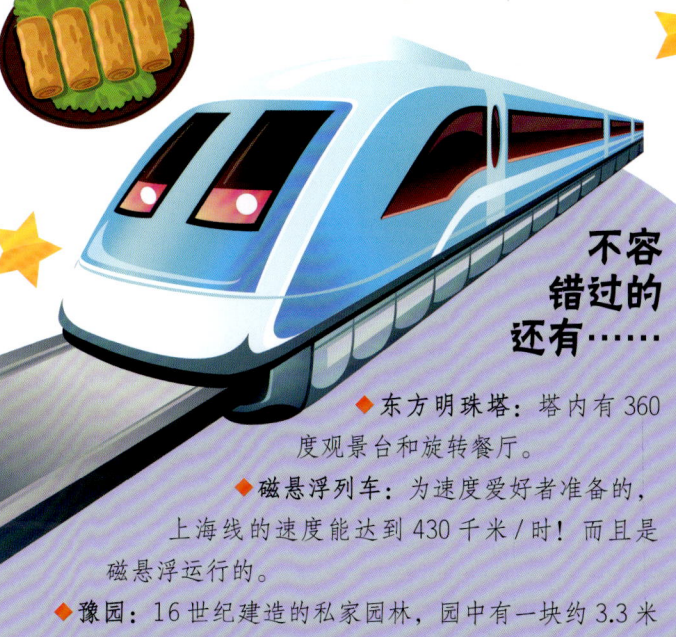

不容错过的还有……

◆ **东方明珠塔**：塔内有360度观景台和旋转餐厅。

◆ **磁悬浮列车**：为速度爱好者准备的，上海线的速度能达到430千米/时！而且是磁悬浮运行的。

◆ **豫园**：16世纪建造的私家园林，园中有一块约3.3米高的石头"玉玲珑"。

◆ **人民广场**：位于上海市市中心，周围有上海大剧院、上海博物馆等建筑。

东 京
樱花之都

这座巨大的城市以其悠久的历史和最新的尖端科技迎接你的到来。欢迎来到日本的心脏！

所属国家：日本
城市面积：约 2188 平方千米
城市人口：约 1392 万人
所在位置：本州岛

❶ 富士山

这是日本最高的山峰，3776 米。实际上它是一座火山，而且非常活跃！当然喷发的风险很小。只有夏季开放登山，你必须带上水、食物甚至一小瓶氧气，缓慢攀爬防止高原反应。爬上去之后，寄张明信片吧！是的，那里有一个邮局！当你的朋友们看到富士山的邮戳时，会非常惊讶的。

地图标注：❶ 富士山　❷ 上野公园　❹ 皇居　涩谷人行横道

❷ 上野公园

如果你有幸在樱花盛开的季节去东京，就能看到这个公园里盛开的 1000 多株樱花树，花期仅能维持 7 天！公园里还有一个动物园，请不要错过里面著名的大熊猫。

3 浅草寺

挂着巨大的红灯笼的雷门是东京的象征，从那里走进寺院；然后穿过仲见世商业街，那里到处都是和服店和扇子店，你可以买一把扇子！街道尽头你会看到宝藏门，穿过它就能进入神殿。寺院中有许多建筑，千万别错过令人惊叹的五重塔和本堂（主殿）。

4 皇居

日本皇居是在德川家城堡的基础上建造的，是天皇居住的地方，即日本的皇宫。只有东边的花园可以参观，但你可以站在二重桥上，以皇宫为背景拍一些美美的照片。

5 筑地鱼市场

这是一个巨大的鱼市，金枪鱼拍卖以及数千个装着活鱼的鱼缸值得一看。筑地鱼市场分为场内和场外，场外有寿司等很多美食供你品尝。

不容错过的还有……

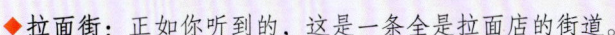

◆ 拉面街：正如你听到的，这是一条全是拉面店的街道。
◆ 国技馆：在这里你可以看相扑比赛！
◆ 涩谷人行横道：成千上万的人在这个繁忙的十字路口一起穿越马路。
◆ 银座歌舞伎剧场：不要错过新奇的日本传统戏剧。
◆ 台场街区：沿着彩虹大桥漫步，你会拍到东京湾最美的照片。
◆ 秋叶原电子城：如果你喜欢电子产品，这里就是你的天堂！

新德里
热闹而喧嚣

在新德里，你永远都不会感到孤单，因为行人熙熙攘攘，还有成千上万的汽车发出鸣笛声！这座城市喧嚣而美丽！

所属国家：印度
城市面积：约 1485 平方千米
城市人口：约 2500 万人
河流：亚穆纳河（恒河的支流）

❶ 胡马雍陵

这座陵墓是为莫卧儿帝国第二代皇帝胡马雍修建的，据说著名的泰姬陵就是仿照它修建的，它们的确很相似。

❷ 顾特卜塔

这是世界上最高的砖尖塔：高达 72 米！现在我们还不知道它的用途：它是防御塔吗？也许是一座失落的宣礼塔？这就需要历史侦探来揭秘了！

❸ 红堡

17 世纪，这座堡垒以独特的红色砂岩修建而成。它的门、墙壁和楼榭会给你留下深刻的印象。红堡是莫卧儿帝国时期的皇宫。

不容错过的还有……

◆ 贾玛清真寺：印度最大的清真寺。
◆ 莲花寺：非常现代，呈莲花花瓣的形状。
◆ 德里印度门：纪念死去的印度士兵而建的 42 米高的凯旋门。
◆ 甘地陵：印度和平主义者圣雄甘地的陵墓。
◆ 印度总统府：印度总统的住所，是一座宏伟的宫殿。

孟买
这里有个宝莱坞

孟买是《丛林故事》的作者拉迪亚德·吉卜林的出生地，是印度重要的港口城市。孟买背依青山，面临大海，一座座新式的高楼大厦和旧式楼宇交相辉映。

所属国家：印度
城市面积：约 4312 平方千米
城市人口：约 2130 万人
海洋：阿拉伯海

1 贾特拉帕蒂·希瓦吉车站

这会是你见过的印象最深刻的火车站。穹顶、塔楼和尖尖的拱门赋予了它中世纪宫殿般的美妙外观。

2 象岛石窟

在孟买港的象岛上，有一些岩石雕刻而成的令人难以置信的洞穴，里面有寺庙。最重要的石窟雕刻的是湿婆神，湿婆神是印度教最重要的神，他呈坐姿，仿佛在练习瑜伽。

3 孟买印度门

这座凯旋门欢迎所有乘船进入孟买的人，它毗邻豪华的泰姬陵酒店。它看起来像是一座宫殿，融合了印度和波斯文化的建筑特色，是孟买的标志性建筑！

不容错过的还有……

◆ 圣雄甘地博物馆：这里是他的故居。
◆ 海因花园：景色很美丽，树篱被修建成动物的样子，趣味盎然。
◆ 象神节：如果你去的时候是9月，请不要错过这个象头神的节庆。

43

伊斯坦布尔

横跨亚欧

波斯人曾在这里居住，斯巴达人和雅典人曾在此战斗，亚历山大大帝曾统治这里，它曾是罗马帝国的一部分，它曾是拜占庭帝国和奥斯曼帝国的所在地……你可以称这里为拜占庭、君士坦丁堡或伊斯坦布尔！伊斯坦布尔是世界上唯一一个横跨亚欧两大洲的城市，它一半在欧洲，另一半在亚洲。

所属国家：土耳其
城市面积：约 1538.77 平方千米
城市人口：约 1500 万人
亚欧分界线：博斯普鲁斯海峡

❶ 圣索菲亚大教堂

它直径达 30 多米的穹顶令人难以置信，内部金色的装饰会让你大开眼界。等你看到马赛克镶嵌画时，更是会目瞪口呆——非常华丽，有圣母玛利亚、耶稣等的人像，也有几何图案！

❷ 蓝色清真寺

苏丹艾哈迈德一世在 17 世纪下令建造了这座有六根宣礼塔的清真寺：这就与麦加的大清真寺一样了！因此，麦加大清真寺增添了第七根宣礼塔。你知道它为什么被称为蓝色清真寺吗？因为它的穹顶上镶有 20000 多块蓝瓷砖！

❸ 托普卡帕宫

除了博斯普鲁斯海峡的壮丽景色外，你还可以看到这座宫墙环绕的宫殿中的四个庭院和众多建筑物。不要错过这里的宝藏：世界上第三大的钻石（造匙者钻石）和托普卡帕的祖母绿钻石匕首。还要参观一下后宫，那里最多曾居住着 800 多人！

不容错过的还有……

◆ **地下水宫**：是拜占庭帝国因战争而修建的蓄水池。
◆ **加拉达塔**：一座古老的灯塔，那里有全伊斯坦布尔最好的视野。
◆ **多尔玛巴赫切宫**：这座属于苏丹的"朴素"房子有 285 个房间。
◆ **土耳其浴**：洗浴加按摩，真是一种享受。

加德满都 世界屋脊下的后花园

喜马拉雅山脉位于青藏高原南巅边缘，它是地球上最高的山脉，其中珠穆朗玛峰海拔 8848.86 米！尼泊尔的首都加德满都坐落在喜马拉雅山南坡，这是一个喧闹又迷人的城市！

所属国家：尼泊尔
城市面积：约 50.67 平方千米
城市人口：约 500 万人
河流：毗斯奴马蒂河

❶ 杜巴广场

杜巴广场附近有 50 多座寺庙！所有寺庙的屋顶外形都是典型的金字塔形状，很多屋顶都是多层重叠的。坐在台阶上，欣赏城市的喧嚣：身穿纱丽的妇女、托钵僧人、人力车……

❷ 斯瓦扬布纳特寺

这座寺位于城郊的一座小山上，爬上 365 层台阶就是佛塔的正面，纯白色的塔基，塔身带有四面彩绘佛龛，塔尖是一根金刚杵。这座寺庙是亚洲最古老的佛教圣迹之一。庙宇周围有一座花园，那里生活着数百只顽皮的猴子，所以此寺又被称为"猴庙"。

不容错过的还有……

◆ **梦想花园**：新古典主义风格的欧式花园，里面的葡萄架、喷泉和草丛使你远离噪声。

◆ **图卡（Thupka）**：这是一种美味的汤面，汤特别好喝。

◆ **玛卢路**：那里的店铺会为你量体制作纱丽。

◆ **尼泊尔莫莫（momo）**：一种带馅的面食，有蒸、煎、加辣酱等多种做法，你会喜欢的。

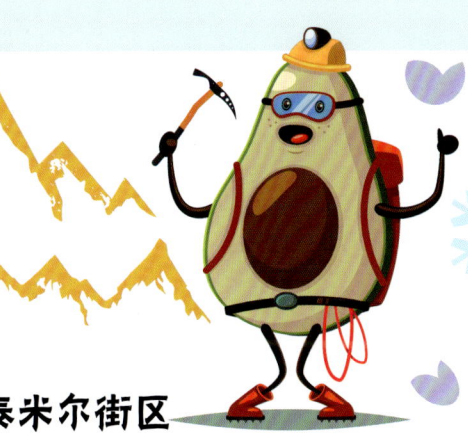

❸ 泰米尔街区

泰米尔街区是最具旅游特色的地方，餐厅和商店林立。这是一个非常嘈杂的地方，但是你一定会喜欢这里的小巷，而且你会发现这里是登山者落脚的"大本营"。

非洲

非洲是世界古人类和古文明的发源地之一。从古到今，非洲从未失去其特色：无垠的沙漠、广袤的稀树草原、充满异域风情的野性自然风光，还有奇妙的多样性——54个国家、2000多种语言、80多个民族……

马拉博

在赤道几内亚的首都马拉博，你会欣赏到殖民风格建筑并可以品尝一盘鳄鱼肉！

蒙巴萨

这实际上是一个位于蒙巴萨岛上的港口城市，那儿的海滩是非洲最美的海滩之一！

阿尔及尔

阿尔及利亚的首都，整座城以白色建筑为主，素有"白色之城"的美誉，非常浪漫。人们说这座城市是由大力神赫拉克勒斯创立的。塞万提斯曾被关押在这里的监狱中！

约翰内斯堡

这座城市以黄金和钻石贸易闻名。此外，这里的动物园、纳尔逊·曼德拉的故居也会给你留下深刻的印象，来见识一下这里吧！

开罗

沙漠古都

所属国家：埃及
城市面积：约 3085 平方千米
城市人口：约 2280 万人
河流：尼罗河

埃及的首都开罗是非洲最大城市。它东、南、西三面都被撒哈拉沙漠所包围，气候炎热干燥。这座大都市仍保存着尼罗河三角洲早期居民的全部历史。

1 埃及博物馆

你能想象这里收藏着多达 13 万件古代法老的文物吗？你都不知道该先看什么才好！纳尔迈调色板还是图坦卡蒙的宝藏？在这座宏大的博物馆中还有除此之外的许多其他宝藏……当心木乃伊！

2 吉萨金字塔群

在距开罗仅 20 千米的吉萨，你会遇到胡夫、卡夫拉和孟卡拉法老的金字塔，它们旁边就是狮身人面像。它们已经存在了 4000 多年，你可以骑上骆驼从外面仔细地观察——进到金字塔内部就得猫着腰走了——如果你有幽闭恐惧症，还是别进去了！

3 萨拉丁城堡

这座中世纪防御工事的防御墙、塔楼、大门、清真寺、博物馆和宫殿等会让你惊讶的。在去喝茶、品尝鹰嘴豆泥等传统菜肴之前，这是你在开罗溜达的好去处。

不容错过的还有……

- 科普特区：这里有基督教堂、犹太教堂、博物馆，以及一切美丽的东西。
- 尼罗河观光：在日出或日落时乘坐埃及传统的小帆船费卢卡欣赏美景。
- 汗·哈利利市场：迷宫般狭窄的街道，在那里什么都能买到。
- 开罗塔：高度相当于 60 层楼，上面有旋转餐厅。

卢克索 宫殿之城

古都底比斯是古埃及新王国时期的首都。卢克索位于底比斯遗址上,这里掩藏着法老拉美西斯二世的所有奥秘。卢克索被誉为地球上"最大的露天博物馆"。

所属国家:埃及
城市面积:约416平方千米
城市人口:约20万人
河流:尼罗河

❷ 帝王谷和帝后谷

这是曾经统治埃及的法老们的永恒家园:帝王谷共有63座陵墓,其中图坦卡蒙的陵墓最著名;帝后谷有70多座陵墓,最受欢迎的是纳芙蒂蒂王后的墓。你只能欣赏到墓中的壁画,因为大多数木乃伊都被挪到了博物馆里。

❶ 卡纳克神庙和卢克索神庙

每年新年伊始,古埃及人会把阿蒙神像从卡纳克神庙抬出来,穿过一条两侧摆满狮身人面像的大道,抬至卢克索神庙。在卢克索神庙入口处有两尊著名的拉美西斯二世坐像。卡纳克神庙最令人印象深刻的部分是其多柱式大厅的遗址:几千年来,13米至23米高的134根巨型石柱屹立不倒。

❸ 木乃伊博物馆

这里保存着大量的木乃伊,并为我们解释了木乃伊制作的过程:如何摘除器官,在哪里存放器官,如何用绷带包扎尸体……这个景点,胆小的人就放弃吧!

不容错过的还有……

◆ 门农巨像:原来是法老阿蒙霍特普三世神殿前的两座巨大雕像。
◆ 阿布辛贝神庙:是拉美西斯二世时期建造的神庙。
◆ 哈特谢普苏特女王神殿:它位于沙漠中央,是哈特谢普苏特女王的葬祭殿,令人印象深刻。

马拉喀什
红色之城

你可以骑着骆驼在棕榈树林中穿梭，去土耳其浴室做个按摩，品尝一下古斯古斯（当地特色美食）和阿拉伯甜品，看一场肚皮舞表演……马拉喀什是最具异国风情、最热闹的城市！因为整座城市的建筑基调以红色为主，马拉喀什又被称为红色之城。

所属国家：摩洛哥
城市面积：约230平方千米
城市人口：约95万人

❶ 杰马夫纳广场

这座巨大的广场是这座城市的灵魂所在，这里有杂耍艺人、驯猴者、牙医、耍蛇人、街头舞者……到了晚上，它可能会变成世界上最大的街头餐厅。

❷ 露天市场

马拉喀什的露天市场是你在迷宫般的街道上讨价还价的天堂，你会在摩肩接踵的人群中，从彩色织布机下方穿过。这里出售的商品应有尽有：拖鞋、篮子、香料、地毯、珠宝、椰枣、乐器……还有国际象棋！

❸ 库图比亚清真寺

清真寺粉红色的砂岩尖塔是这座城市的至高点，有69米高。清真寺富丽堂皇，是北非最美丽的清真寺之一。你可以顺便喝杯薄荷绿茶。

不容错过的还有……

◆ **巴希亚宫**：一座充满浓郁北非风情的宫殿，这里有庭院、花园和150个空空的房间！
◆ **萨阿德王朝陵园**：一座用马赛克装饰的美丽陵墓。
◆ **梅纳拉花园**：有巨大的橄榄树，花园中央有个大池塘，可以远眺阿特拉斯山脉。

突尼斯市
北非明珠

突尼斯是世界上少数几个集中了海滩、沙漠、山林和古文明的国家之一，是悠久文明和多元文化的融合之地，你会为它着迷的。

所属国家：突尼斯
城市面积：约212.63平方千米
城市人口：约260万人

① 大清真寺

突尼斯有许多清真寺，但宰图纳大清真寺是最大也是最重要的清真寺。用石柱装饰的庭院，奢华的祷告室悬挂着威尼斯水晶吊灯！这一切的美会让你流连忘返。

② 老城麦地那

突尼斯的老城麦地那是世界遗产，你可以尽情游玩：散步、买一顶经典的菲斯帽、进一家茶馆、参观宫殿和观赏喷泉……

③ 拉古莱特港

突尼斯的老港口，仍然有许多擅长做鱼的美食餐厅在营业，但最重要的是在这里你可以享受到金色的沙滩和清澈的海水。

不容错过的还有……

◆ 星球大战之旅：电影《星球大战》中塔图因行星的场景就是在突尼斯南部拍摄的。
◆ 三所马德拉沙学校：美丽的阿拉伯高等学校。
◆ 贝尔维德公园：一座带有动物园的城市绿洲。
◆ 巴尔多国家博物馆：在这里你可以欣赏马赛克艺术文物。

内罗毕

赤道旁的春城

这座城市令人惊讶，现代化的城市面貌和野生自然环境紧密相邻……你可以在城市中进行狩猎旅行！内罗毕离赤道很近，因此一年到头这里日出和日落的时间都差不多是同样的！但由于海拔高，这里天气并不炎热，而是气候温和、四季如春。

所属国家：肯尼亚
城市面积：约696平方千米
城市人口：约350万人

❶ 内罗毕国家公园

我知道你会非常惊讶的：在摩天大楼林立的背景下，有可能看到斑马、瞪羚或狮子吗？在这个国家公园里是可能的！超过100平方千米的热带稀树草原距离城市仅一步之遥！

❷ 凯伦故居

写过《走出非洲》的丹麦女作家凯伦·布里克森在肯尼亚非常受欢迎：她学会了斯瓦希里语，并被称为"利昂姐姐"。她的房子在恩贡山，家具都按原样摆放着。《走出非洲》被拍成了电影，凯伦故居遂成为著名人文景点！

❸ 长颈鹿保护中心

濒临灭绝的罗斯柴尔德长颈鹿在该中心的保护下生存。游客可以爬上一座小塔，和长颈鹿面对面，用自己的双手喂它们！如果你住在保护中心的酒店里，还会有特殊的体验——有时长颈鹿会从窗户探进头来，和客人一起喝茶……

不容错过的还有……

◆ **大象孤儿院**：在这里你可以赞助一只可爱的小象。
◆ **博马斯民俗文化村**：你可以看到肯尼亚12个部落的典型民居和传统舞蹈表演。
◆ **迦米亚清真寺**：银色的穹顶，非常漂亮！
◆ **马赛市场**：这里有五颜六色的非洲工艺品。

开普敦

海角之城

开普敦位于非洲最南端，意为"海角之城"。在这座奇妙的城市里，一切都与大海有关，悬崖、沙滩，还有山脉！你还会看到鲨鱼、海豹和企鹅！

所属国家：南非
城市面积：约 2454.72 平方千米
城市人口：约 374 万人

❶ 桌山

桌山是这座城市的自然景观，山顶是平的，像桌子一样。你可以选择坐缆车上山或步行，但可以肯定的是，城市最棒的视野和港口的繁忙景象在山上等着你！

❷ 波卡普区

这个马来人聚居区非常引人注目，地面是由鹅卵石铺成的，低矮的房屋被涂上各种颜色：黄色、橙色、粉红色等，色彩斑斓。你可以在那里品尝可口的东方美食。

❸ 好望堡

17 世纪修建的堡垒，为南非最古老的欧式建筑之一，是原荷兰东印度公司总督的官邸。堡内设有城堡军事博物馆、传统开普兵团的仪式殿堂等设施。

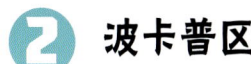

不容错过的还有……

- **维多利亚和阿尔弗雷德滨海区**：那里有两边都是咖啡馆和餐馆的海边小路。
- **信号山**：风景秀丽的山丘，可俯瞰海湾。
- **好望角**：被认为是非洲乃至整个世界的尽头。
- **西蒙镇**：依山面海，可以在企鹅海滩观赏成群的企鹅。

大洋洲

大洋洲是世界上面积最小的大洲，也是除南极洲外人口最少的大洲，还是最原始的大洲。除了澳大利亚，大洋洲还包括许多分散在太平洋中的岛屿。去任何一座岛屿度假都是极好的！你先考虑一下去哪里，同时我们再为你介绍一些其他的城市。

堪培拉

澳大利亚的首都，我们建议你攀上黑山澳洲电讯塔，风景美不胜收！

布里斯班

丰富而激动人心的体验正等着你：攀登故事桥，到达高74米的桥顶，然后沿绳滑降下来！

帕皮提

法国海外领地法属波利尼西亚的首府，在塔希提岛上。画家保罗·高更万里迢迢来到这个岛上，爱上了这里土耳其蓝的大海和白沙滩。当然对你来说，这里是冲浪的好地方！

惠灵顿

新西兰的首都，充满生机活力和现代气息，与此同时它的自然风光也引人入胜，徒步爬一爬维多利亚山吧！

悉尼 摩登城市

悉尼拥有各种"之最"——它是澳大利亚面积最大、人口最多、历史最古老的城市，虽然这座城市的历史只有200多年，但是这里的摩天大楼会让你感到震撼。

所属国家：澳大利亚
城市面积：约12400平方千米
城市人口：约500万人

❷ 澳大利亚总督府

这座被花园环绕的宫殿令人惊叹，它曾是澳大利亚总督居住的地方，所以它就像是澳大利亚的白宫一样。你可以在花园里野餐，用相机拍下美丽的景色。

❶ 悉尼歌剧院

澳大利亚地标式建筑。单单建筑本身就足以令人钦佩了：这座未来主义建筑具有船帆形状的屋顶，或者它有没有让你联想起龙的脊背？它就是梦想中的建筑，在那里你能观看戏剧、歌剧和芭蕾。

❸ 悉尼海港大桥

这是一座著名的、标志性的金属单孔拱桥，你可以步行、乘汽车或者骑自行车过桥，不过最令人兴奋的方式是爬上去，是的，爬上它的桥拱！有一项为游客提供的爬桥活动：攀登上距离水面134米的拱顶！这项活动不适合患有眩晕症的旅行者。

不容错过的还有……

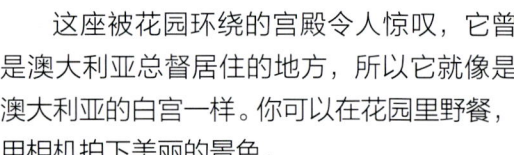

◆ 海滩：无论你选择哪个海滩，都可以练习这里的国民运动——冲浪。
◆ 悉尼野生动物园：在这里你可以看到澳大利亚特有的动物——考拉、袋熊和袋鼠等。
◆ 圣玛丽大教堂：哥特式建筑风格，庄严震撼，是澳大利亚最古老的教堂。
◆ 悉尼海洋生物水族馆：共有约650种12000只动物。

墨尔本

文化多元

所属国家：澳大利亚
城市面积：约 9992 平方千米
城市人口：约 496 万人
河流：雅拉河

在这个城市，居住着来自 200 多个不同国家和地区的人们，他们说着 230 种不同的语言和方言，随时欢迎你的到来！

❶ 联邦广场

由于时区的原因，澳大利亚人会领先很多国家的居民进入新的一年，他们在这个广场上庆祝跨年。许多独特而前卫的现代建筑矗立在这里，成为墨尔本的新象征。此外，所有你能想到的博物馆和美术馆也分布在这里。

❷ 圣帕特里克大教堂

这个新哥特式的教堂令人印象深刻。此外，它还毗邻菲茨罗伊花园，在那里你会看到英国航海家库克船长的小屋，它的一砖一瓦都是从英国运来的！

❸ 墨尔本唐人街

像所有的唐人街一样，这里的商店和餐馆充满了生机和色彩。但这个唐人街之所以脱颖而出，是因为它是世界上最长的一条唐人街。街道至今保留着诸多传统中式建筑。

不容错过的还有……

◆ **体育赛事**：去观赏一级方程式大奖赛或澳大利亚网球公开赛吧。
◆ **城市巡回观光电车**：这是一种历史悠久的电车，免费带你游览市中心。
◆ **巴拉瑞特野生动物园**：那里有 100 多只袋鼠自由地生活，你可以和它们近距离接触。
◆ **维多利亚女王市场**：购物圣地，一个自 19 世纪中期以来就存在的市场！

火奴鲁鲁
屏蔽之湾

火奴鲁鲁是夏威夷的首都，美国第44任总统奥巴马就出生在这座城市。这里的热带气候、风景、海滩以及摩天大楼，都会让你着迷！"火奴鲁鲁"为夏威夷语，意为"屏蔽之湾"。这里盛产檀香木，因此被华人称为檀香山。

所属国家：美国　　城市人口：约40万人
城市面积：约177.2平方千米　　所在地点：瓦胡岛

1 伊奥拉尼宫

这里曾经住着夏威夷的最后两位国王：卡拉卡瓦国王和利里奥卡拉尼女王。实际上，这是美国唯一一栋曾有国王居住的建筑物！此外，这还是岛上第一个拥有电话的地方！这座宫殿的前方有一座雕像，是著名的国王卡美哈美哈一世身着醒目的金色衣服的造型。

主教博物馆　　5 马诺阿瀑
珍珠港　　　　出云大社夏威夷分社
　　　　　　　1 伊奥拉尼宫
　　　　　　4　　　　3 钻石头
　　　　　　威基基
　　　　　　阿拉莫阿那中心

2 珍珠港

这个著名的美国港口曾遭到日本的袭击，为此美国参与了第二次世界大战。你会在这里看到沉没的亚利桑那号战列舰和一艘潜艇的复制品。我向你保证，你会觉得自己像一位真正的水手。

58

3 钻石头山

想要爬到这座火山顶部非常容易,你不会觉得很累,相反,你会被岛上和太平洋上美丽的景色吸引,不要错过哦!

4 威基基

这是这座城市最有旅游特色的街区,最出名的海滩和酒店都分布于此。这里有着清澈的海水、白沙滩、椰子树,是冲浪的好去处,简直是人间天堂!买一条被称为 lei 的花环项链留作纪念吧,在夏威夷特别流行。

5 马诺阿瀑布

要想到达这座瀑布,你要先在热带雨林中走很长一段路,这会让你感觉自己是个探险家。这条路线并不难走,但会给你一种穿越丛林的感觉,直到瀑布出现在你面前,它的高度约46米!

香格里拉博物馆

不容错过的还有……

◆ 阿拉莫阿那中心:世界上最大的露天购物中心。
◆ 草裙舞:不要错过伴着尤克里里音乐的表演!
◆ 出云大社夏威夷分社:是一座日本神社,标志建筑是奇特的鸟居。
◆ 香格里拉博物馆:展出了各式各样的伊斯兰文化的艺术作品和瓷器。
◆ 主教博物馆:这是夏威夷最大的博物馆,这里收藏着约 1300 万只昆虫标本。

索 引

阿尔及尔，46
阿姆斯特丹，27
巴黎，20~21
巴拿马城，4
巴塞罗那，23
柏林，30
北京，38
波哥大，13
布达佩斯，35
布拉格，34
布里斯班，54
布宜诺斯艾利斯，16~17
东京，40~41
哥本哈根，18
华盛顿，9
惠灵顿，54
火奴鲁鲁，58~59
基多，4
加德满都，45

京都，36
旧金山，8
开罗，48
开普敦，53
堪培拉，54
里斯本，26
里约热内卢，14~15
利马，12
卢克索，49
伦敦，28~29
罗马，24~25
马德里，22
马拉博，46
马拉喀什，50
蒙巴萨，46
蒙得维的亚，4
孟买，43
莫斯科，31
墨尔本，57

墨西哥城，10~11
内罗毕，52
纽约，6~7
帕皮提，54
上海，39
圣彼得堡，18
圣地亚哥，4
首尔，36
突尼斯市，51
威尼斯，18
维也纳，18
西安，36
悉尼，56
香港，36
新德里，42
雅典，32~33
伊斯坦布尔，44
约翰内斯堡，46